알기 쉬운 이란어 쓰기
[페르시아 쓰기]

 김 영연

약력	한국외국어대학교 졸업
	이란 테헤란대학교 외국인 어학과정수료
	이란 문화인문학연구소 객원연구원
	비교문학(구비문학)박사
	이란 타르비야테 모다레스대학교 객원교수
	현 한국외국어대학교 동양어대학 이란어과 교수
역. 저서	"땅의 저주", "사면", "(여행필수)이란어회화"등 다수
논문	"한국에 수용된 천일야화 연구"등 다수

알기 쉬운
이란(페르시아)어 쓰기

초판 1쇄 인쇄 / 2001년 3월 10일
초판 1쇄 발행 / 2001 년 3월 15일
저자 / 김영연
발행인 / 서덕일
발행처 / 도서출판 문예림
출판등록 / 1962년 7월 12일 제 2-110호
주소 / 서울 광진구 군자동 195-21호 문예B/D 201호
전화 / 02-499-1281~2   팩스 / 02-499-1283

ISBN 89-7482-140-0 (13790)

■ 저자와의 협의에 의해 인지는 생략합니다.

알기 쉬운
이란어 쓰기
[페르시아 쓰기]

머리말

　이란(페르시아)어는 그 나라의 역사만큼이나 오랜 전통을 가지고 있다. 일반적으로 이란어를 아랍어와 혼동하는 경우가 많은데 이것은 이슬람교가 이란으로 유입되면서 아랍어의 문자를 차용했기 때문이다. 그러나 이란(페르시아)어를 어느 정도 이해하게 되면 완전히 다른 계열의 문법적 규칙과 활용을 인식할 수 있다.

　이란은 문화적으로 민족적인 특성을 현재까지 그대로 수용하고 있는 전통성이 강한 나라이다. 이러한 환경과 의식은 문화뿐 만 아니라 언어에도 수용되어 이질적인 요소를 이란화하여 정착시키고 발전시켜 왔다. 그러므로 이란(페르시아)어의 문자는 아랍어의 28개의 문자를 기초로 고유한 문자를 4개 더 첨가시켜 32개의 문자로 활용하고 있다.

　오래 전부터 이란인 서예가들은 서체의 발전과 기술로 이슬람세계에 많은 업적을 남겨 오늘날까지 이란인들의 서체의 예술적 수준에 감탄하고 있다. 이맘 알리의 표현을 빌리면,

خط خوب برای فقیر ثروت،

برای غنی زیبایی و برای حکیم کمال است

　　아름다운 필체는 가난한 자에게는 부를,
　　　부유한 자에게는 미를,
　　　　현인에게는 완숙이니라.

　이와 같이 필체에 대한 사회 문화적 분위기로 각 개인의 필체는 교육 정도와 정신적 수준을 가늠하는 척도가 되어 초등학교부터 서체를 철저하게 교육시키고 있다.

그러므로 비록 이란(페르시아)어가 다른 외국어에 비해 문자의 형태와 쓰는 순서가 우리 글과는 달라 배우는데 많은 어려움이 있다 할지라도 올바르게 문자의 형태와 순서를 익히므로써 이란인들의 문화적 사고를 조금이나마 동감할 수 있으리라 본다.

  그 동안 대학에서 이란어를 가르치면서 겪게 된 경험과 시행착오로 판단할 때, 외국어 습득의 첫걸음은 올바른 문자 쓰기였고, 전공자가 아닌 일반 독자들에게는 무엇보다도 독자적으로 이란(페르시아)어 정서를 배울 수 있는 지침서가 요구되어 왔다. 물론 앞서 말한대로 현대 이란(페르시아)어는 서체의 발전에 비례해서 숙달된 나스타아리그체에 근거한 필기체로 쓰여지고 있다. 그러나 본서에서는 기초적인 정서법(正書法)을 익히는데 목적을 두고 있으므로 필기체를 이해하려는데 중점을 두고 엮었다. 특히 이란(페르시아)어를 독학으로 익히려는 경우는 정서의 방법과 순서가 정확해야만 올바른 외국어를 습득할 수 있을 것이다.

  본서는 전공자들과 이란(페르시아)어에 관심을 가지고 혼자서 배울 수 있도록 기초적인 상세한 설명과 연습과정 그리고 우리 글과는 다른 숫자도 연습할 수 있도록 직접 수기하여 이해도를 높이려고 여러 지면으로 할애하여 첨가시켰다. 그러므로 이 책자가 이란어 문자를 익히는데 조금이라도 도움이 될 수 있다면 더 없는 기쁨이 될 것이다.

  끝으로 모국어에 남다른 열정을 가지고 있는 이란 문화인문학연구소의 연구원인 Forugh Sultaniye의 격려와 도움에 깊은 고마움을 전하고, 외국어 교육에 관심을 가지고 출판을 해 주신 서덕일 사장님께 감사드린다.

2000년 12월 테헤란에서
지은이

차례

1. 이란(페르시아)어의 약사(略史) ·········· 9

2. 이란(페르시아)어의 알파벳 ·········· 13

3. 문자의 연결형 쓰기 ·········· 26

4. 특수한 연결형 쓰기 ·········· 57

5. 숫자 쓰기 ·········· 63

6. 쓰기 연습 ... 73

1. 알파벳 ... 74
2. 낱말 ... 77
3. 문장 ... 132
4. 숫자 ... 138

1 이란(페르시아)어의 약사(略史)

이란(페르시아)어의 약사(略史)

이란(페르시아)[1] 어의 문자는 오랜 역사를 가지고 있다. 따라서 서체 또한 다양하고 개별화된 특징을 엿볼 수 있다. 이란어의 역사를 개괄적으로 살펴 보면 다음과 같다.

이란의 역사는 서기 7세기를 기점으로 이슬람 전기와 후기(이슬람기)로 나눈다. 문자는 이슬람 전기에 속하는 하커마네쉬 왕조(B.C.559-330) 시대에 존재하던 설형문자로 부터 기원을 둔다. 이 문자는 42개로 구성되어 현대 이란어처럼 오른쪽 방향에서 왼쪽 방향으로 쓰는 것이 아니고 왼쪽 방향에서 오른쪽 방향으로 정서하였다.

그 뒤를 이어 에쉬커니 왕조(B.C.250-A.D.226) 와 사산조 왕조(A.D.226-652)에는 파흘라뷔 문자가 존재하였다. 이 문자는 현재 사용하는 문자처럼 오른쪽 방향에서 시작하여 왼쪽 방향으로 쓰며 16개의 문자로 추정하고 있다. 이러한 이유로 훗날 역사가들은 이 시대의 유물들을 해독하는데 어려움이 덜 했다고 한다.

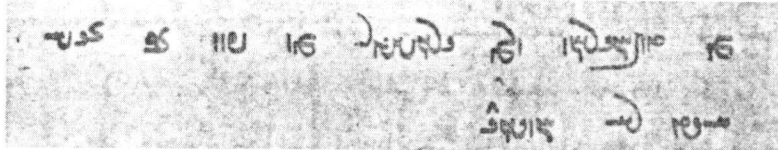

그리고 당시에는 역사가들이 가장 완전한 문자로 취급하고 있는 아베스터어가 존재하였다. 이 문자는 조로아스터교의 경전인 아베스터를 기록한데서 붙혀진 이름이다.

---

1) '페르시아' 란 '이란' 의 옛 국명이다. 1935년 당시의 국왕은 국가의 이메지를 달리하기 위해서 변경하였다. 그러나 언어의 계열로 보면 페르시아라 칭하여야 바른 표현이다.
　이 책에서는 '이란(페르시아)'로 혼용하거나, 하나의 표현이라 할지라도 언어의 명칭에서는 동 일한 의미를 나타내는 것으로 사용한다.

그 이후 이란인들은 이슬람교로 개종하게 되어 당시 쿠피 문자라 불리던 아랍 문자가 차츰 유입되어 이란(페르시아)어에 차용되게 되었다. 이란인들은 이 문자를 아름답고 완전하게 만들어 갔다. 뿐 만 아니라 서체를 발전시키기 시작하였다.

　최초로 이름을 남긴 이란인 서예가는 이븐 모그러(Ebn Moghla)이다. 그는 쿠피 문자의 서예가들 중에서도 새로운 서체를 만들어 더욱 유명하다. 그가 만든 새로운 서체가 널리 퍼지며 유행하게 되자 기존의 쿠피 서체는 사라지게 되었다.

　이러한 까닭으로 그가 만들어낸 서체를 '나스크(폐지)'[2] 라 불렀다. 그의 뒤를 이어 많은 이란인 서예가가 등장하면서 다양한 서체가 등장하게 되었다. 예를 들면 쿠피서체에서 유래한 '모흐가흐', '레이한', '쏠스', '토기', '레거' 와 '나스크' 가 유행했다. 이 이후 이슬람력 8세기 초에 새로운 서체가 다시 등장하기 시작했다. 많은 문하생들의 업적이었지만 새로운 서체들은 비록 쿠피문자에서 유래하였다고 해도 서체의 구성과 모양은 이슬람국가에 있던 서체와는 달리 이란의 고대 문자와

---

[2] 기존의 서체를 '폐지' 혹은 '소멸' 했다는 의미로 명칭이 붙여졌다.

유사성이 많아 이란적인 서체로 인정하고 있다. 이란인 서예가들은 이와 같이 다양한 서체를 통일하여 단시일내에 세 가지 서체로 명칭을 붙이고 발전시켰다.
'타아리그', '나스타아리그'와 '쉐카스테(나스타아리그)'체이다.
'타아리그'체는 주로 편지나 영(令)을 기록하기 위한 필기체이다. 이 서체는 문자들이 이루는 선과 줄의 조화에서 아름다움을 나타냈다.

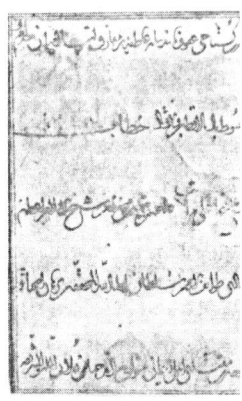

'나스타아리그'체는 이슬람의 서예에서 가장 아름다운 서체로 인정하고 있는데, 이란인으로서 역사적으로 가장 유명한 서예가는 사파비조의 압버스왕 당시 서예가인 미르 에머드[3]이다.

'쉐카스테-예 나스타아리그'[4]체는 사파비조 말엽에 등장했다. 이 서체는 현재 '쉐카스테'라 부르며, '나스타아리그'체와 별다른 차이가 없다. '나스타아리그'체를 빨리 쓰다보니 몇 글자가 흘림체가 되어 점차 특이한 서체로 정착하게 되어 '나스타아리그'체와 구별되게 되었다.

---

3) 961년(이슬람력 음력) 가즈빈에서 출생하여 1024년 생을 마친 당대 최고의 서예가로 이란 뿐 아니라 인도, 오스만 터어키의 왕들도 그의 작품을 소유하는 것이 큰 자랑이었다.
4) 의미는 '흘려쓴 나스타아리그'이다.

2 이란(페르시아)어의 알파벳

이란(페르시아)어⁵⁾의 알파벳

　이란어는 32자의 알파벳으로 구성되어 있다. 이란에 이슬람이 유입되어 아랍어의 28자를 차용한 후, 4자를 더하여 32개의 문자가 기본 알파벳이 되었다. 알파벳은 모두 자음의 기능을 하지만 그 가운데 3자(الف، واو، ی)는 모음의 기능을 동시에 하고 있다.

　문자는 반드시 오른쪽 방향에서 왼쪽 방향으로 연결하여 쓴다. 그러나 각 문자는 한 낱말안에서 각 문자가 놓이는 위치에 따라 그 모양이 변한다. 그러므로 하나의 문자가 낱말의 처음에 위치하면 처음형(頭字), 가운데 위치하면 중간형(中字), 마지막 끝에 위치하면 마지막형(尾字), 그리고 단독으로 위치하면 단독형(獨立字)으로 쓰인다.
　다시말해 한글의 초성, 중성, 종성이 각기 다른 모양으로 쓰인다고 가정한다면 이해할 수 있을 것이다. 위치에 따라 위와 같이 붙여진 이름은 정해진 고유의 명칭이 아니고 초보자들에게 이해를 높이기 위함이다.

이란어의 알파벳은 아래와 같다.

글씨체 마지막형	중간형	처음형	단독형	발음	명칭	순서
ا.....	─	─	ا	[a,e,o,a]	알레프 [Alef]	1
ب...	...ب...	...ب	ب	[b]	베 [Be]	2
پ...	...پ...	...پ	پ	[p]	페 [Pe]	3
ت...	...ت...	...ت	ت	[t]	테 [te]	4
ث...	...ث...	...ث	ث	[s]	쎄 [se]	5
ج.....	...ج..	...ج	ج	[j]	짐 [Jm]	6
چ.....	...چ..	...چ	چ	[ch]	체 [che]	7

---

5) 이란(페르시아)어를 '훠르씨' 또는 '퍼르씨' 라고도 부른다. 다시 말해 한국의 언어를 '한글' 이라 칭하는 것과 동일한 경우이다.

글씨체 마지막형	중간형	처음형	단독형	발음	명칭	순서
ح....	.ح..	ح...	ح	[h]	헤 [he]	8
خ....	.خ..	خ...	خ	[kh]	케 [khe]	9
د....	—	—	د	[d]	덜 [dal]	10
ذ....	—	—	ذ	[z]	절 [zal]	11
ر....	—	—	ر	[r]	레 [re]	12
ز....	—	—	ز	[z]	제 [ze]	13
ژ....	—	—	ژ	[zh]	졔 [zhe]	14
س....	..س..	س...	س	[s]	씬 [sin]	15
ش....	..ش..	ش...	ش	[sh]	슌 [shin]	16
ص....	..ص..	ص...	ص	[s]	써드 [sad]	17
ض....	..ض..	ض...	ض	[z]	저드 [zad]	18
ط....	..ط..	ط...	ط	[t]	터 [ta]	19
ظ....	..ظ..	ظ...	ظ	[z]	저 [za]	20
ع....	..ع..	ع...	ع	['a,'e,'o]	에인 [ein]	21
غ....	..غ..	غ...	غ	[gh]	게인 [ghein]	22
ف....	..ف..	ف...	ف	[f]	풰 [ein]	23
ق....	..ق..	ق...	ق	[gh(q)]	게프 [ghein]	24
ک....	..ک..	ک...	ک ك	[k]	커프 [fe]	25
گ....	..گ..	گ...	گ	[g]	거프 [gaf]	26
ل....	..ل..	ل...	ل	[l]	럼 [lam]	27
م....	..م..	م...	م	[m]	밈 [mim]	28
ن....	..ن..	ن...	ن	[n]	눈 [nun]	29
و....	—	—	و	[v,o,u,ou(w)]	버브 [vav]	30
ه....	ـهـ	ه...	ه	[h]	헤 [he]	31
ی...	..ی..	ی...	ی	[y,ī,ı,ei,ai]	예 [ye]	32

♣ 위의 알파벳 중 7자(No.1, No.10, No.11, No.12, No.13, No.14, No.30)는 오른쪽에 위치하는 문자와는 연결하여 쓰지만, 왼쪽에 위치하는 문자와는 분리해서 쓴다. 즉, 왼쪽에 오는 문자는 처음형으로 시작되고, 한 개의 문자인 경우는 단독형으로 쓴다.(3장을 참조)

♣ 앞서 쓴대로 3자(No.1, No.30, No.32)는 자음인 동시에 모음의 기능도 한다. (각 문자의 음가란을 참조)

알파벳의 정서

이란어를 쓸 때에는 다음 세가지 점을 유의해야 한다 !!!

첫째, 이란어는 오른쪽에서 왼쪽을 향해서 쓰는 글이므로 오른쪽부터 위에서 아래로 쓴다.

둘째, 문자의 연결형과 문자의 비연결형을 구별해야만 한다.

셋째, 기본선을 두고 쓴다.

1. No.1 알레프(Alef)

마지막형	중간형	처음형	단독형	명칭
‌ا...	...ا...	...ا	ا	알레프

기본선에 걸쳐서 위로 향해 쓰는 문자로 모음이다. 그러나 낱말에서 맨 처음에 오면 ا + ا = آ 로 칭한다. 처음 알레프는 자음이 되고, 두 번째 알레프는 모음의 기능을 하여 〔이응+어〕가 되어 [어]음을 내며 장모음이 된다. 이때 알레프위에 붙은 부호는 맏데(Madde)라고 한다. 다시 말해 알레프위에 맏데가 붙으면 آ 라 쓰고, 〔어〕로 발음한다.

맏데가 있는 이 문자를 다시 쓰면 다음과 같다.

2. No.2 베(Be), No.3 페(Pe), No.4 테(Te), No.5 쎄(Se)

같은 모양의 기본문자에 점의 수와 그 점이 붙는 위치에 따라 다른 문자가 된다. 이 문자들은 기본선을 중심으로 위에 쓴다.

기본문자

마지막형	중간형	처음형	단독형	명칭
				베
				페
				테
				쎄

☞ 기본 문자의 위와 아래에 붙는 ∴ 를 연결해서 ∼ 로 쓸 수도 있다.

3. No.6 짐(Jim), No.7 체(Che), No.8 헤(He), No.9 케(Khe)⁶⁾

같은 모양의 기본문자에 점의 수와 찍는 위치에 따라 문자가 달라진다. 단, No.8 헤(He)는 점이 없는 기본 문자 그대로 쓴다.

마지막형	중간형	처음형	단독형	명칭
				짐
				체
				헤
				케

문자의 윗부분은 기본선을 중심으로 위에 쓰고, 나머지 아래 부분은 기본선 밑에 써야 된다.

4. No.10 덜(Dal), No.11 절(Zal)

No.1 알레프(Alef)와 같이 오른쪽에 위치하는 문자와는 연결해서 쓸 수 있지만, 왼쪽에 위치하는 문자와는 분리해서 쓴다. 그러므로 왼쪽에 위치하는 문자는 처음형이거나 그 문자로 낱말이 끝날 경우 단독형이 된다. 기본선을 중심으로 위와 아래

---

6) 이 문자의 발음은 우리 글에는 없다. [ㅎ]과 [ㅋ]의 중간 소리로 독일어의 Ich의 발음과 가장 유사하다. 그러나 본서에서는 보다 쉽게 익히려는 목적으로 '케'로 쓰는데 그 발음은 오히려 '헤' 소리를 성문에서 힘을 주어 나오는 음과 가장 유사하다.

로 걸쳐 쓴다. 두 문자는 기본문자가 동일하고, No.11 절(Zal)은 그것에 점이 하나 붙게 된다.

5. No.12 레(Re), No.13 제(Ze), No.14 줴(Zhe)

기본 문자는 동일하고, 그 위에 점을 찍는 수에 따라 문자가 달라진다. No.1 알레프(Alef), No.10 덜(Dal), No.11 절(Zal)과 같이 오른쪽에 위치하는 문자와는 연결해서 쓰지만, 왼쪽에 위치하는 문자와는 분리해서 쓴다. 그러므로 이 문자 왼쪽에 온 문자는 항상 처음형 또는 단독형이 된다.

☞ 기본 문자에 쓰는 점은 앞의 2)를 참조.

6. No.15 씬(Sin), No.16 쉰(Shin)

두 문자는 동일한 기본 문자에 점의 숫자에 따라 구별된다.

기본문자

마지막형	중간형	처음형	단독형	명칭
ـس	ـسـ	سـ	س	씬
ـش	ـشـ	شـ	ش	쉰

☞ No.16 쉰(Shin)의 점 두 개는 앞 장에서 설명한 것처럼 연결해서 쓸 수 있다.

7. No.17 써드(Sad), No.18 저드(Zad)

기본 문자는 동일하고, No.18 저드(Zad)는 점이 하나 첨가된다.

기본문자

마지막형	중간형	처음형	단독형	명칭
ـص	ـصـ	صـ	ص	써드
ـض	ـضـ	ضـ	ض	저드

8. No.19 터(Ta), No.20 저(Za)

기본 문자는 동일하고, No.20 저(Za)에 점이 하나 첨가된다.

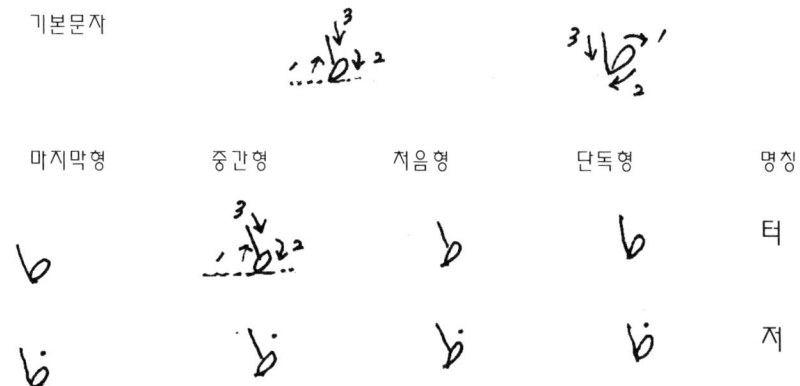

마지막형	중간형	처음형	단독형	명칭
ـط	ـطـ	طـ	ط	터
ـظ	ـظـ	ظـ	ظ	저

처음형과 중간형에서 세 번째로 쓰는 획은 마지막형과 단독형과는 다소 차이가 있다. 아래의 예를 유의해야 한다.

9. No.21 에인('ein)과 No.22 게인(Ghein)

이 문자는 동일한 기본 문자를 가지고 있고, No.22 게인(Ghein)에 점이 붙는다. 또한 이 두 문자는 자리하는 위치에 따라 각기 4가지 모양을 가지고 있다.

마지막형	중간형	처음형	단독형	명칭
ع = ع	ـعـ	عـ	ع	에인
غ = غ	ـغـ	غـ	غ	게인

이 문자들은 기본선을 기준으로 위와 아래에 걸쳐 써야 올바른 정서가 된다.

10. No.23 훼(Fe)

이 문자를 쓸 때는 기본선 위에 걸쳐 윗 부분에만 쓴다는 점을 유의해야만 된다.

마지막형	중간형	처음형	단독형	명칭
ـف	ـفـ	فـ	ف	훼

11. No.24 거프(Gaf)

이 문자는 앞에서 설명한 대로 국제 음성발음기호의 [Gh] 또는 [Q]로 표기할 수 있다. No.23 훼(Fe)는 기본선 위에 걸쳐서 쓰는 반면, 이 문자는 아래 부분의 획을 기본선 아래에서 둥글게 내려 써야 된다.

마지막형	중간형	처음형	단독형	명칭
ـق	ـقـ	قـ	ق	거프

12. No.25 커프(Kaf)와 No.26 거프(Gaf)

두 문자는 기본 문자가 동일하고, 한 획을 위에 첨가하면, No.26 거프(Gaf)가 된다.

13. No.27 렴(Lam)

이 문자는 설명하는 방법에 따라 No.1 알레프(Alef)와 유사하게 취급하지만 반드시 구별되어야 된다.

| 마지막형 | 중간형 | 처음형 | 단독형 | 명칭 |

렴

14. No.28 밈(Mim)

이 문자는 정서 순서를 두 가지로 설명할 수 있다.

| 마지막형 | 중간형 | 처음형 | 단독형 | 명칭 |

밈

15. No.29 눈(Nun)

이 문자는 단독형과 마지막형이 유사하고, 처음형과 중간형은 앞서 설명한 2)의 기본문자와 동일하다.

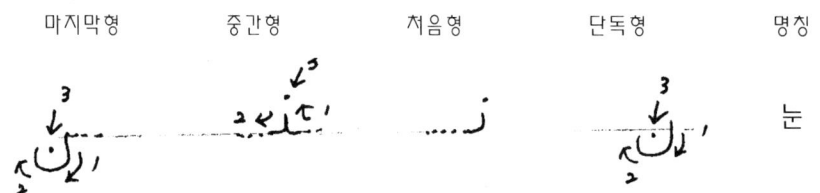

| 마지막형 | 중간형 | 처음형 | 단독형 | 명칭 |

눈

16. No.30 버브(Vav)

이 문자는 앞서 설명한 대로 자음과 모음의 기능을 동시에 하며, 1), 4), 5)의 문자들과 같이 오른쪽에 자리하는 문자와는 연결해서 쓸 수 있지만, 왼쪽에 자리하는 문자와는 분리해서 쓴다. 그러므로 왼쪽에 오는 문자는 언제나 처음형이 되거나 단독형이 된다.

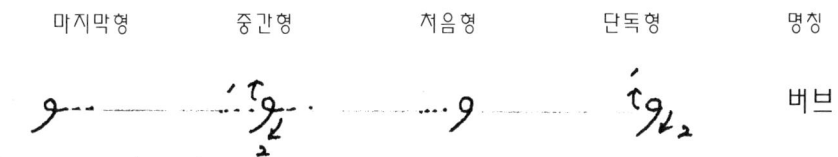

17. No.31 헤(He)

이 문자는 자리하는 위치에 따라 4가지의 형태를 가지고 있다.

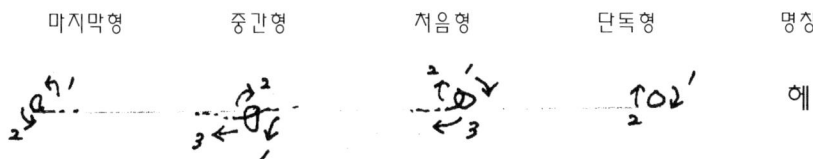

☞ 위의 No.8 헤(He)와 명칭이 같은 문자로, 이 문자를 구별할 때는 '두 개의 눈을 가진 헤(He)' 다시 말해 'He-ye do chashm(헤예 도 차쉬므)'라 칭한다.

18. No.32 예(Ye)

1)과 16)에서 설명한 문자와 같이 자음과 모음의 기능을 동시에 한다. 15)처럼 처음형과 중간형의 기본 문자가 2)와 동일하다.

☞ 단독형과 마지막형을 비교해 볼 때, 단독형은 기본선 위에 문자의 머리 부분을 쓰고, 나머지의 부분은 기본선 아래로 쓴다. 그 반면에, 마지막형

은 문자 전체가 기본선 아래에 쓴다. 반드시 구별된 정서법을 익혀야만 된다.

③ 문자의 연결형 쓰기

문자의 연결형 쓰기

이란어는 32개의 알파벳 중에서 7자인 알레프(Alef), 덜(Dal), 젤(Zal), 레(Re), 제(Ze), 줴(Zhe), 버브(Vav)는 오른쪽에 자리하는 문자와는 연결되어 쓸 수 있지만, 왼쪽에 자리하는 문자와는 분리해서 쓴다. 이러한 기본적인 원칙 때문에 위의 7자의 왼쪽에 자리하는 문자는 항상 처음형이 된다. 또는 왼쪽에 자리한 문자가 하나일 경우는 자연히 그 문자자체로 끝나게 되므로 단독형이 된다.

그 이외의 25개 문자는 서로 연결되어 쓸 수 있으므로, 우선 예외적인 정서법을 가진 7자가 낱말안에서 자리하는 형태에 따라 어떻게 쓰는지를 설명한다.

1. 알레프(ا)

▶ 물　　　　　　　　[업]　　　　　　　　آب = ب + ا + ا

▶ ..로, ..함께, 타고　[버]　　　　　　　　با = ا + ب

☞ ب 가 الف 의 오른쪽에 자리하기 때문에 연결해서 쓴다.

▶ (이란식)빵　　　　[넌]　　　　　　　　نان = ن + ا + ن
　　　　　　　　　　　　　　　　　　　　　　① ②

☞ ①의 ن 은 오른쪽에 자리하므로 연결해서 쓰지만 ②의 ن 은 الف 의 왼쪽에 자리하므로 분리해서 쓴다.

▶ 오다　　　　　　　[어마단]　　　　　　آمدن = ن + د + م + ا + ا
　　　　　　　　　　　　　　　　　　　　　　　① ②

☞ ①의 첫 번째 ا ف 는 자음의 기능을 하고 두 번째 ا ف 는 모음의 기능을 한다. ②는 두 번째 ا ف 가 왼쪽에 자리하는 문자와 분리해서 쓰므로 처음형이 된다.

2. 덜(د)

▶ 손   [다스트]   د + س + ت = دست
                                      ②   ①

☞ ①은 왼쪽에 자리하는 문자와 분리해서 쓰기 때문에 ②의 س 은 처음형이 되고, ت 는 마지막형으로 쓴다.

▶ 주다   [더단]   د + ا + د + ن = دادن
                                           ②   ①

☞ ①과 ②가 전부 분리해서 독립적으로 쓰는 문자이므로, 각각 단독형이 된다.

▶ 바구니   [싸바드]   س + ب + د = سبد
                                      ①   ②

▶ ①의 두 문자는 연결해서 쓰고, ②는 이어지는 문자가 없으므로 마지막형이 된다.

3. 절(ذ)

이란어에서 이 문자로 시작되는 낱말의 수는 다른 문자에 비해 적다.

▶ 생각, 의견   [제흔]   ذ + ه + ن = ذهن
                                      ②   ①

☞ ذ 은 왼쪽에 오는 문자와 분리해서 쓰는 원칙때문에 단독형으로 쓰고, ②의 ه 는 자연히 처음형이 되고 ن 는 마지막형이 된다.

▶ 귀찮음, 성가심　　[아지야트]　　ا + ز + ى + ت = ازيت
　　　　　　　　　　　　　　　　　　　　　②　　①

☞ ①은 각기 분리해서 쓰므로 단독형이 되고, ②는 바로 앞의 문자와 분리해서 쓰므로 처음형이 된다.

▶ 영향　　　　　　　[노프즈]　　ن + ف + و + ز = نفوز
　　　　　　　　　　　　　　　　　　　　　②　　①

☞ و 는 ②와 같이 왼쪽에 자리하는 문자와는 분리해서 쓰기 때문에 마지막형이 되고, ②는 단독형이 된다.

4. 레(ر)

▶ 닿다　　　　　　　[레씨단]　　ر + س + ى + د + ن = رسيدن
　　　　　　　　　　　　　　　　　　　　　　②　　①

☞ ①은 왼쪽에 위치하는 문자와는 분리해서 쓰므로 ②의 س은 처음형이 되고, ن 은 ر 의 원칙때문에 단독형이 된다.

▶ 추위　　　　　　　[싸르머]　　س + ر + م + ا = سرما
　　　　　　　　　　　　　　　　　　　　　②　　①

☞ ①에서 س은 ر의 오른쪽에 위치하기 때문에 처음형으로 연결해서 쓴다.
②의 ا 은 왼쪽에 위치해서 자연히 처음형이 된다.

▶ 교장선생님　　　　[모디르]　　م + د + ى + ر = مدير
　　　　　　　　　　　　　　　　　　　　　②　　①

☞ ①의 ر 과 ②의 마지막에 위치한 ا 가 낱말안에서 마지막에 자리해서 마지막형이 된다.

5. 제(ز)

▶ 미운, 못생긴　　　[제쉬트]　　　ز + ش + ت = زشت

☞ ز 가 왼쪽에 오는 문자와 분리해서 쓰기 때문에 단독형으로 쓴다.

▶ (벌레가) 물다　　　[갸지단]　　　گ + ز + ی + د + ن = گزیدن
　　　　　　　　　　　　　　　　　　　　　②　　①

☞ ②는 ز 가 왼쪽에 위치하는 문자와 연결해서 쓸 수 없으므로 ی 는 분리되어 처음형으로 쓰게 되고, ②의 د 은 오른쪽의 문자와 연결해서 이어서 쓰고 ن 은 자연히 단독형이 된다.

▶ 가스, (자동차의)　　　[거즈]　　　گ + ا + ز = گاز
　　엑셀레이터

☞ ز 는 마지막에 위치하고, 오른쪽에 위치한 문자가 ا 이므로 단독형으로 쓴다.

6. 줴(ژ)

앞의 절과 같이 이란(페르시아)어 어휘들 가운데 이 문자로 이루어진 낱말의 수는 극히 적다.

▶ 이슬, 여자이름　　　[절레]　　　ژ + ا + ل + ه = ژاله
　　　　　　　　　　　　　　　　　　　　②　　①

☞ ①의 ا 는 왼쪽에 위치했으나 ژ 가 왼쪽에 위치하는 문자와 분리해서 쓰므로 각기 단독형으로 쓴다. ②의 ل 은 ه 의 왼쪽에 위치해서 처음형으로 쓰게 된다.

▶ 슬픈, 유감스러운　　　[데즈먼]　　　د + ژ + م + ا + ن = دژمان
　　　　　　　　　　　　　　　　　　　　　　②　　①

☞ ①의 각 문자는 각기 오른쪽에 위치하는 문자와만 연결되어 쓸 수 있으므로, 자연히 단독형이 된다. ②의 ﺍ은 앞의 문자로 인해 처음형이 된다.

▶ 성, 요새   [데즈]   دژ = د + ژ
                                              ①

☞ ①의 각 문자는 연결할 수 있는 규칙이 동일하여 각기 단독형이 된다.

7. 버브(و)

▶ 중간, 가운데   [바싸트]   و + س + ط + ا = وسطا
                                              ①

☞ و는 왼쪽에 위치하는 문자와 분리해서 쓰기 때문에 ①의 س은 처음형이 된다.

▶ 친구   [두스트]   د + و + س + ت = دوست
                                              ②   ①

☞ ①의 각 문자의 정서 규칙이 동일하여 단독형이 되고 ②의 س은 처음형이 된다.

▶ 방법   [나흐브]   ن + ح + و = نحو

☞ ①의 ح는 و의 오른쪽에 위치해서 연결해서 쓸 수 있다.

연결형 연습

이란(페르시아)어의 알파벳 순서대로 처음형, 중간형, 마지막형, 단독형을 낱말안에서 연결하는 연습을 한다.

1. 알레프 (ا)

▶ 그, 그것, 저, 저것 　　[언]

$$ا + ا + ن = آن$$

$$آن ← آن ← آ ← ا$$

▶ 이란식 스프 　　[어쉬]

$$ا + ا + ش = آش$$

$$آش ← آس ← آ ← ا$$

▶ 낫 　　[더스]

$$د + ا + س = داس$$

$$داس ← دا ← د$$

▶ 학식이 있는 　　[더너]

$$د + ا + ن + ا + د = داناد$$

$$داناد ← دانا ← دان ← دا ← د$$

2. 베 (ب)

▶ 지붕　　　[범]

$$بام = م + ا + ب$$

$$بام ← با ← ب ← ب$$

▶ 아빠　　　[버버]

$$بابا = ا + ب + ا + ب$$

▶ 눈썹　　　[아부루]

$$ابرو = و + ر + ب + ا$$

$$ابرو ← ابر ← اب ← ا$$

▶ 좋은　　　[쿱]

$$خوب = ب + و + خ$$

$$خوب ← خوب ← خو ← خو ← خ$$

3. 페 (پ)

▶ 아버지　　　[페다르]

$$پدر = ر + د + پ$$

$$پدر ← پدر ← پد ← پ$$

▶ 언덕　　　　　　[텝페]　　　　　　ت + ﺒ + ﻪ = ﺗﻴﻪ

ﺗﻴﻪ ← ﺗﻴ ← ﺗ ← ﺗ ← ﺗ ← ت

▶ 형, 틀, 타입　　[팁]　　　　　　ت + ى + ﺒ = ﺗﻴﺐ

ﺗﻴﺐ ← ﺗﻴﺐ ← ﺗﻴ ← ﺗ ← ﺗ ← ﺗ ← ت

4. 테 (ت)

▶ 열　　　　　　　[탑]　　　　　　ت + ﺐ = ﺗﺐ

ﺗﺐ ← ﺗ ← ﺗ ← ت

▶ 방　　　　　　　[오터그]　　　　ا + ت + ا + ق = اتاق

اتاق ← اتا ← اتا ← ات ← ا ← ا

▶ 뽕나무 열매　　　[투트]　　　　　ت + و + ت = ﺗﻮت

ﺗﻮت ← ﺗﻮ ← ﺗﻮ ← ﺗ ← ت

5. 쎄 (ث)

▶ 고정된　　　[써베트]　　ث + ا + ب + ت = ثابت

ت ← با ← ثا ← ثا ← ثاب ← ثابت

▶ 더러운　　　[캬씨프]　　ك + ث + ى + ف = كثيف

ف ← لد ← كد ← كد ← كس ← كثـ ← كثي ← كثيف

▶ 세 번째, 제 삼의　[썰레쓰]　ث + ا + ل + ث = ثالث

ث ← با ← ثا ← ثال ← ثالـ ← ثالث

6. 짐 (ج)

▶ 축제, 기념일　　[자쉬느]　　ج + ش + ن = جشن

ن ← جـ ← جس ← جس ← جش ← جشن

▶ 핀, 브로치, 머리핀　[싼저그]　س + ن + ج + ا + ق = سنجاق

ق ← س ← سن ← سنـ ← سنجـ ← سنجا ← سنجاق

▶ 구부러진, 비뚤어진   [캬즈]

$$ك + ج = كج = كج$$
$$ل \leftarrow ك \leftarrow كج \leftarrow كج$$

7. 체(ج)

▶ (인체의)눈   [차쉬므]

$$ج + ش + م = چشم$$
$$د \leftarrow ص \leftarrow حس \leftarrow حسم \leftarrow چسم \leftarrow چشم$$

▶ 어린아이   [밧체]

$$ب + ج + ه = بجه = بچه$$
$$ل \leftarrow ب \leftarrow بب \leftarrow بجه \leftarrow بچه$$

▶ 석회, 분필   [갸츠]

$$گ + ج = گج = گج$$
$$ل \leftarrow لح \leftarrow كج \leftarrow گج \leftarrow گج$$

8. 헤(ح)

▶ 건강, 상태   [헐]

$$ح + ا + ل = حال$$
$$د \leftarrow حا \leftarrow حال$$

▶ 토론, 논의　　　　[바흐쓰]　　　ب + ح + ث = بحث

بحث ← بحـ ← بحـ ← بحـ ← بـ ← ب

▶ 오락, 휴양　　　　[타프리흐]　　ت + ف + ر + ي + ح = تفريح

تفريح ← تفري ← تفر ← تفر ← تفـ ← تـ ← ت

9. 케 (خ)[7]

▶ 좋은, 잘　　　　　[후ㅂ]　　　　خ + و + ب = خوب

خوب ← خو ← خو ← خـ ← خ

▶ 판, 널빤지　　　　[타크테]　　　ت + خ + ت + ه = تخته

تخته ← تخته ← تخته ← تخت ← تخـ ← تـ ← ت

▶ 못, 바늘　　　　　[미흐]　　　　م + ي + خ = ميخ

ميخ ← ميح ← ميـ ← مـ ← م

---

7) 주 6) 을 참조.

10. 덜 (د)

▶ 딸, 소녀, 처녀   [도크타르]

$$د + خ + ت + ر = دختر$$

دختر ← دختر ← دخت ← دخ ← د

▶ 어머니   [머다르]

$$م + ا + د + ر = مادر$$

مادر ← مار ← ما ← م

▶ 추운   [싸르드]

$$س + ر + د = سرد$$

سرد ← سر ← س

11. 절 (ذ)

▶ 현미경   [자레빈]

$$ذ + ر + ه + ب + ی + ن = ذره بین$$

ذ ← ذر ← ذره ← ذره‌ب ← ذره‌بـ ← ذره‌بی ← ذره‌بین

▶ 매력적인　　　[자접]　　　ج + ز + ا + ب = جذاب

جذاب ← جذا ← جذ ← جـ ← حـ

▶ 맛있는, 감미로운　[라지즈]　ل + ذ + ی + ز = لذیز

لذیز ← لذیـ ← لذی ← لذ ← لـ ← ل

12. 레 (ر)

▶ 편안한, 안락한　　[러하트]　ر + ا + ح + ت = راحت

راحت ← راحـ ← را ← ر

▶ 출발, 움직임, 동요　[하라캬트]　ح + ر + ک + ت = حرکت

حرکت ← حرک ← حرا ← حر ← حـ

▶ 기다림, 참음, 인내　[싸브르]　ص + ب + ر = صبر

صبر ← صبـ ← صـ ← ص

13. 제 (ز)

▶ 말, 혀, 언어　　　[자번]

$$ز + ب + ا + ن = زبان$$

$$زبان \leftarrow زبا \leftarrow زبا \leftarrow زما \leftarrow زر \leftarrow ز \leftarrow ر$$

▶ 지진, 진동　　　[젤젤레]

$$ز + ل + ز + ل + ه = زلزله$$

$$زلزله \leftarrow زلزل \leftarrow زلز \leftarrow زل \leftarrow زل \leftarrow ز \leftarrow ر$$

▶ 친애하는, 귀중한　　[아지즈]

$$ع + ز + ى + ز = عزيز$$

$$عزيز \leftarrow عزيږ \leftarrow عزد \leftarrow عزر \leftarrow عز \leftarrow عږ \leftarrow ع$$

14. 줴 [8](ژ)

▶ 일본 [줴폰]

ژ + ا + پ + ن = ژاپن

ر ← ژ ← ژا ← ژا ← ژاپ ← ژاپں ← ژاپن

▶ 연구, 조사 [파조헤쉿]

پ + ژ + و + ه + ش = پژوهش

ب ← بر ← بر ← بژ ← بژو ← بژوه ← بژوهس ← بژوهش

▶ (극장의)특별석 [로즈]

ل + ژ = لژ

ل ← لر ← لژ

15. 씬 (س)

▶ (아침, 점심, 저녁)인사 [쌀럼]

س + ل + ا + م = سلام

س ← سد ← سلا ← سلام = سلام

☞ 4장 9)을 참조.

---

8) 우리 말에는 없는 발음이다. 〔ㅈ〕을 강하게 소리내면 가장 유사하다.

▶ 씻다, 닦다　　　　[쇼스탄]　　　ش + س + ت + ن = شستن

شستن ← شستن ← شست ← شس ← سس ← سس ← سس ← س

▶ 동(銅), 구리　　　　[메쓰]　　　م + س = مس

مس ← م

16. 쉰 (ش)

▶ 북, 북쪽　　　　[쇼멀]　　　ش + م + ا + ل = شمال

شمال = شمال ← شما ← سما ← سم ← سم ← س

▶ 나라, 국가　　　　[케쉬바르]　　　ک + ش + و + ر = کشور

کشور ← کشو ← کسو ← کس ← ک ← ل

▶ 양탄자　　　　[화르쉬]　　　ف + ر + ش = فرش

فرش ← فرس ← فر ← فر ← و ← و

17. 써드 (ص)

- ▶ 아침, 오전   [쑵흐]   ص + ب + ح = صبح

         صبح ← صب ← ص ← صد

☞ 'ㅎ' 음은 아주 약하게 낸다.

- ▶ 60   [쇠스트]   ش + ص + ت = شصت

         شصت ← شصـ ← شصـ ← شـ ← ســ

- ▶ 특별한, 전용의   [마크쑤스]   م + خ + ص + و + ص = مخصوص

         مخصوص ← مخصو ← مخص ← مخـ ← مـ

18. 저드 (ض)

- ▶ 녹음, 기록   [자부트]   ض + ب + ط = ضبط

         ضبط ← ضبـ ← ضـ ← ضد

▶ 멤버, (신체의 각)부분 [오즈브]   ع + ض + و = عضو

ع ← عـ ← عـضـ ← عضو ← عضو

▶ 묵과, 묵인 [감즈]   غ + م + ض = غمض

غ ← غـ ← غـمـ ← غمض ← غمض

19. 터 (ط)

▶ 의사, 내과의사 [타빕]   ط + ب + ي + ب = طبيب

ط ← طـ ← طـبـ ← طـبـيـ ← طبيب ← طبيب

▶ 방 [오터그]   ا + ط + ا + ق = اطاق

ا ← اطـ ← اطـا ← اطاق

☞ 4장 1)를 참조.

▶ 유산, 탈락, 떨어짐 [쎄그트]   س + ق + ط = سقط

س ← سـ ← سـقـ ← سقط

20. 저(ظ)

▶ 용기, 그릇, 식기　　　[자르프]

ظ + ر + ف = ظرف

ظرف ← ظو ← طرو ← طر ← صر ← ص

▶ 큰, 위대한, 중요　　　[아짐]

ع + ظ + ى + م = عظيم

عظيم ← عظىم ← عطىم ← ععىم ← ععىـ ← ععـ ← عـ ← ع

▶ (액이)걸쭉한, 진한　[갈리즈]

غ + ل + ى + ظ = غليظ

غليظ ← غليط ← غلىط ← علىط ← علـط ← علـ ← عـ ← ع

21. 에인[9](ع)

▶ 향기　　　　　　　　[아트르]

ع + ط + ر = عطر

عطر ← عط ← عـ ← ع

---

9) 이 문자의 음가는 우리 글의 자음 '이응'에 해당한다. 그러므로 음가를 나타낼때는 모음과 결합해서 [어], [아], [에], [오], [우], [이]음을 낸다. 그러나 알레프의 음과 혼동해서는 않된다. 이 음가는 성문폐쇄음이고, 자음이다. 알레프의 음보다 끊는 기분으로 소리내어야 유사한 음이 나온다.
10) 이 문자는 성문폐쇄음으로, 음가는 우리 글에서 [ㄱ]음보다 성문을 닫고 내면 가장 유사한 소리를 낼 수 있다.

▶ 보통의, 예사의   [마아물리]   م+ع+م+و+ل = معمول

مـ ← معـ ← معمـ ← معمو ← معمول

▶ 시작, 출발, 개시   [쇼루으]   ش+ر+و+ع = شروع

س ← سر ← سرو ← سروع ← شروع

22. 게인 [10] (غ)

▶ 이상한, 외국의   [가립]   غ+ر+ي+ب = غريب

ـب ← ـعـ ← غر ← غرـ ← غرـ ← غريب ← غريب

▶ 서쪽의, 서쪽   [마그랩]   م+غ+ر+ب = مغرب

مـ ← مـغـ ← مـغـ ← مـغـ ← مغرب

▶ 무질서, 소동, 혼잡한 [숄루그]   ش+ل+و+غ = شلوغ

س ← سل ← سلو ← شلو ← شلوع ← شلوغ

---

10) 이 문자는 성문폐쇄음으로, 음가는 우리 글에서 [ㄱ]음보다 성문을 닫고 내면 가장 유사한 소리를 낼 수 있다.

23. 훼 (ف)

▶ 이란어, 훠르씨   [훠르씨]

$$ف + ا + ر + س + ى = فارسى$$

$$فارسى ← فارس ← فار ← فا ← فـ ← ف$$

▶ 팽창, (위, 배가)불룩함 [나프크]

$$ن + ف + ح = نفح$$

$$نفح ← نفح ← نفـ ← فـ ← ف$$

▶ 목표, 목적, 의도   [하다프]

$$ه + د + ف = هدف$$

$$هدف ← هدف ← هد ← هـ$$

---

11) 이 문자는 위의 '게인'과 유사한 음가를 가지고 있어, 동일한 음가로 취급한다.

24. 거프 [11](ق)

▶ 청구서, 세금징수서 [가브즈]

ق + ب + ض = قبض

قبض ← قبص ← قبص ← قىص ← قى ← و

▶ 간질이는, 따끔거리는 [겔겔라크]

ق + ل + ق + ل + ك = قلقلك

قلقلك ← قلقلك ← قلعلك ← علعلك ← علعك ← عك ← حك ← و

▶ 숟가락, 스푼 [거쇼그]

ق + ا + ش + ق = قاشق

قاشق ← قاشو ← قاس ← قاس ← قا ← قا ← و

25. 커프 (ک)

▶ 열쇠, 실마리, 해답 [켈리드]

ک + ل + ی + د = کلید

کلید ← کلید ← کلد ← للد ← للد ← لا ← ل

☞ 4장 4)를 참조

▶ 유일한, 단독의   [예크터]

ی + ک + ت + ا = یکتا

د ← لد ← یک ← یک ← یکد ← یکما ← یکتا

▶ 소금, 중요한 대상 [나마크]

نمک ← نمل

د ← لم ← نمل ← نمل ← نمک

26. 거프 (گ)

▶ 여권   [고자르너메]

س + ذ + ر + ن + ا + م + ه = گذرنامه

ل ← ک ← گ ← گد ← گذ,ر ← گذر ← گذر,ا ← گذر,ام ← گذرنا

گذرنامه ← گذرنامه

▶ 여러 가지 색의, 다양한 부분을 볼것 [구너군]

گ + و + ن + ا + گ + و + ن = گوناگون [너군]

لو ← کو ← گو ← گون ← گونا ← گوناـ ← گونالو

گوناکو ← گوناگو ← گوناگون

▶ 전쟁　　　　　[장] [12]　　　ج + ن + گ = جنگ

س ← سم ← سم ← جلم ← جنم ← جنک ← جنگ

27. 럼 (ل)

▶ 입술, 가장자리　　[랍]　　　ل + ب = لب

ل ← لب ← لب

▶ 발음, 억양　　[탈라호즈]　　ت + ل + ف + ظ = تلفظ

ت ← تل ← تلف ← تلف ← تلفظ ← تلفظ

▶ 꽃, 화초　　　　[골]　　　گ + ل = گل

ل ← لل ← گل ← گل = گل

☞ * 4장 7)을 참조

28. 밈 (م)

▶ 감사하는   [맘눈]   م + م + ن + و + ن = ممنون

مـ ← ممـ ← ممـ ← ممـ ← ممنو ← ممنو ← ممنون ← ممنون

▶ 상연, 전시, 공연, 전람
[나머예쉬]   ن + م + ا + ي + ش = نمايش

ن ← نـ ← نما ← نما ← نماـ ← نماد ← نمايس ← نمايس ← نمايش

▶ 날것의, 미숙한   [캄]

خ + ا + م = خام

خـ ← خا ← خا ← خام

29. 눈 (ن)

▶ (이란식)빵 　　　[넌]　　　ن + ا + ن = نان

د ← با ← نا ← نان ← نان

▶ 신분증명서, 주민등록증 　[쉐너쓰너메]

ش + ن + ا + س + ن + ا + م + ه =
شناسنامه

س ← سـ ← سا ← سنا ← شنا ← شناس ← شناسـ ← شناسا

شناسنا ← شناسنامـ ← شناسنامه

▶ 법 　　　　　　[거눈]　　ق + ا + ن + و + ن = قانون

و ← ـا ← قا ← قاـ ← قانو ← قانو ← قانون

---

12) '눈' 과 '거프' 가 연결되면 그 발음은 〔잉〕이, 된다.

30. 버브 (و)

▶ 장관　　　　　　[바지르]　　　　و + ز + ى + ر = وزير

وزير ← وزير ← وزر ← وز ← ور ← و

▶ 유형, 견본, 표본　[나(네)무네]　　ن + م + و + ن + ه = نمونه

نمونه ← نمونه ← نمو ← نمو ← نمو ← نم ← ن

▶ 탐색, 연구, 조사　[죠스트주]　　ج + س + ت + ج + و = جستجو

جستجو ← جستجو ← جستج ← جست ← جست ← جس ← جس ← ج

31. 헤(ه)

▶ 비용, 소비, 지출　　[하지네]　　ه + ز + ی + ن + ه = هزینه

ه ← هـ ← هز ← هز ← هز ← هزن ← هزین ← هزینه ← هزینه

▶ 도시　　　　　　　　[솨흐르]　　ش + ه + ر = شهر

ش ← شـ ← شهـ ← شهر

▶ 12　　　　　　　　　[다버즈다흐]　　د + و + ا + ز + د + ه = دوازده

د ← دو ← دوا ← دوار ← دواز ← دوازد ← دوازده

☞ '흐'음은 아주 약하게 낸다.

32. 예(ی)

▶ 기념품, 기념 　　　[여데거르]

$$ی + ا + د + گ + ا + ر = یادگار$$

$$ی + ا + د + گ + ا + ر = یادگار$$

☞ 4장 6)을 참조.

▶ 사자, 젖, 우유, 수도꼭지 　[쉬르]

$$ش + ی + ر = شیر$$

شیر ← شر ← سر ← س ← س

▶ 놀이, 게임 　　　[버지]

$$ب + ا + ز + ی = بازی$$

بازی ← باز ← بار ← با ← با ← د

④ 특수한 연결형 쓰기

특수한 연결형 쓰기

이란인들은 모국어의 서체에 대한 관심이 크다. 학문의 정도를 각 사람의 서체로 가늠하기도 하여 많은 연습과정을 거쳐 보다 아름다운 글씨체를 가지려고 노력하고 있다. 이러한 이유로 컴퓨터화된 오늘날까지도 서예전과 손수 쓰는 작업을 계속하고 있다.

다음의 특수한 연결형은 이와 같이 편하고 아름답게 쓰려는 의도에서 나온 연결체이다.

1 터(ط)와 알레프(ا)의 연결

$$ط + ا = طا$$

▶ 방   [오터그]

$$ا + ط + ا + ق = اطاق$$

2 터(ط)와 럼(ل)의 연결

$$ط + ل = طل = طل$$

▶ 바구니   [싸틀]

$$س + ط + ل = سطل$$

☞ 1)과 2)의 터(ط)의 부분은 알레프(ا)와 럼(ل)과 대칭되는 방향으로 써

야만 된다. 다시 말해 두 문자의 획과 대칭된다.

③ 커프(ک)와 알레프(ا)의 연결

$$ك + ا = كا = كا$$

▶ 일, 직업　　　[커르]

$$+ ا = كا,$$

④ 커프(ک)와 럼(ل)의 연결

$$ك + ل = كل = كل$$

▶ 종다리　　　[커콜리]

$$ك + ا + ك + ل = كاكل$$

⑤ 커프(ک)와 럼(ل)과 알레프(ا)의 연결

$$ك + ل + ا = كلا = كلا,$$

▶ 까마귀　　　[캬르러그]

$$ك + ل + ا + غ = كلاغ$$

6 거프(گ)와 알레프(ا)의 연결

$$گ + ا = گا$$

▶ 소   [거브]

$$گ + ا + و = گاو$$

7 거프(گ)와 럼(ل)의 연결

$$گ + ل = گل$$

▶ 진흙투성이의, 진창의   [겔얼루드]

$$گ + ل + آ + و + د = گل آلود$$

8 거프(گ)와 럼(ل)과 알레프(ا)의 연결

$$گ + ل + ا = گلا$$

▶ 장미수   [골압]

$$گ + ل + ا + ب = گلاب$$

9 럼(ل)과 알레프(ا)의 연결

لْ + ا + نْ = هْ لْاْنه = لْانه = لانه

▶ 보금자리, 둥지   [러네]

لْ + ا = لْا = لْاَ = لاَ = لاَ = لا

10 페(پ), 테(ت), 쎄(ث)와 예(ى)의 축약

بِّ = بِّ ، تّ = تّ ، ثّ = ثّ ، يّ = يّ

☞ 다섯 문자의 기본 글자인   위에 붙는 점 두 개를 빨리 쓰기 위해서 연이어서   쓰기도 한다. 물론 필기체에서 주로 쓰기 때문에 연습과정에서는 점을 반드시 쓰는 것이 좋다.

11 씬(س)과 쉰(ش)의 축약

س = س ، ش = ش = ش = ش

☞ 두 문자의 기본 글자인   을 그대로 한 획으로 연이서 쓰기도 한다. 또한   에 있는 아래 점 두 개를 연결해서   로 쓰기도 한다. 단, 이러한 정서법은 필기체이고 숙달된 경우에만 쓰기 때문에 연습과정에서는 정식으로 쓰는 편이 좋다.

5 숫자 쓰기

숫자 쓰기

이란(페르시아)어의 문자는 오른쪽 방향에서 왼쪽으로 연결하여 쓰지만, 숫자는 그와 반대로 왼쪽 방향에서 오른쪽으로 써 나간다. 이란어의 숫자의 모양과 음은 다음과 같다.

① 1 = 예크

② 2 = 도

③ 3 = 쎄

④ 4 = 처허르 [13]

⑤ 5 = 판즈

⑥ 6 = 쉐쉬

---

13) '차허르' 라고 쓰고 발음할 때는 '처허르' 라고 한다.

7) 7 = 하프트   'هَفت' = ٧

8) 8 = 하쉬트   'هَشت' = ٨

9) 9 = 노흐   'نُه' = ٩

☞ '흐'음은 아주 약하게 소리낸다.

10) 10 = 다흐   'دَه' = ١٠ = ١٠

☞ '흐'음은 아주 약하게 소리낸다.

☞ 제로(Zero)에 해당하는 영(零)은 . 로 쓰거나, 원을 아주 작게 써야된다. 이란어 숫자에서는 '5'로 착각하는 경우가 많기 때문이다.

11) 11 = 여즈다흐   'يازده' = ١١

12) 12 = 다버즈다흐   'دوازده' = ١٢

⑬ 13 = 씨즈다흐 ۱۳ = ۱۳

⑭ 14 = 처허르다흐 ۱۴ = ۱۴

⑮ 15 = 펀즈다흐 ۱۵ = 10

⑯ 16 = 션즈다흐 ۱۶ = ۱۶

⑰ 17 = 헤프다흐 ۱۷ = ۱۷

☞ 구어에서는 '히프다흐'로 읽기도 한다.

⑱ 18 = 헤즈다흐 ۱۸ = ۱۸

☞ 구어에서는 '히즈다흐'로 읽기도 한다.

⑲ 19 = 누즈다흐 ۱۹ = ۱۹

⑳ 20 = 비스트 ۲۰ = ۲۰

㉑ 30 = 씨   ٣٠ = ٣.

㉒ 40 = 체헬   ٤٠ = ٤.

㉓ 50 = 판저흐   ۵٠ = ۵. = ٥٠ = ٥.

㉔ 60 = 솨스트   ٦٠ = ٦. = ۶٠ = ۶.

㉕ 70 = 하프터드   ٧٠ = ٧.

㉖ 80 = 하쉬터드   ٨٠ = ٨.

㉗ 90 = 나바드   ٩٠ = ٩.

㉘ 100 = 싸드   ١٠٠ = ١..

☞ 21은 20 + 1 로 읽으면 된다. 즉, 20(비스트) + (바=오) 1(예크) 전부 연결해서 읽으면 '비스토 예크'이 된다.

☞ 101은 100 + 1 로 읽으면 된다. 즉, 100(싸드) + (바=오) 1(예크) 전부 연결해서 읽으면 '싸도 예크'이 된다.

수식 쓰기와 읽기

1 백분율···(%)

25%　　　　　　　　　　　　　　　٢٥٪ = ٢٥٪

(비스토 판즈 다르 싸드)
☞ %은 '... 다르 싸드(= 100을 기준으로)' 이다.

2 더하기···(+)

3+2=5　　　　　　　　　　　　　٣ + ٢ = ٥

(쎄에저페예 도 미솨바드 판즈)
☞ '더하기'는 '... 베 에저페예' 이다.

3 빼기···(−)

5−2=3　　　　　　　　　　　　　٥ − ٢ = ٣

(판즈 멘허-예 도 미솨바드 쎄)
☞ '빼기'는 '... 멘허예' 이다.

곱하기 · · · (×)

4×6=24   ۴×۶=۲۴

(처허르 자르브 다르 쉐쉬 미솨바드 비스토처허르)
☞ '곱하기' 는 '... 자르브 다르' 이다.

 나누기 · · · (÷)

10÷2=5   ۱۰÷۲=۵=۵

(다호 타그씸 바르 도 미솨바드 판즈)
☞ '나누기' 는 '... 타그씸 바르' 이다.

 소수점 · · · (,)

2.5,   ۲/۵ = ۲/۵

(도 모마예즈 판즈)

4.79   ۴/۷۹ = ۴/۷۹

(처허르 모마예즈 하프터도 노호)
☞ '점' 은 '모마예즈' 이다.

7 분수 · · · (一)

$\frac{2}{3}$

١ ـ ثُلْثَانِ

(도 쎄봄)
☞ 분모는 서수가 되고, 분자는 기수가 된다.

❻ 쓰기 연습

지금까지 설명한 내용을 토대로 이란어의 알파벳의 연결형을 연습한다. 그리고 낱말과 문장안에서 알파벳은 어떠한 형으로 쓰는가 필기체를 써 본다. 다음으로 숫자를 연습한다. 문자의 모양이 변화하는 이유를 염두에 두고 연습을 해야만 보다 잘 익힐 수 있을 것이다.

알파벳

1) ا

2) بیب

3) پیپ

4) تتت

5) ثثث

6) ججج

7) چچچ

8) ححح

9) خخخ

10) د

11) ذ

12) ر

13) ز

14) ژ

15) سسس

16) ششش

17) صصص

18) ضضض

19) ططط

20) ظظظ

21) ععع

22) غغغ

23) ففف

24)ققق

25) ککک

26) گکگگ

27) للل

28) ممم

29) نَتَن

30) و

31) حهه

32) ییی

낱말

▶ 청색 　　　　　　〔어비〕

$$آ + ب + ی = آبی$$

آبی

آبی

آبی

▶ 마지막 　　　　　　〔어카린〕

$$آ + خ + ر + ن = آخرین$$

آخرین

آخرین

آخرین

▶ 안정된, 얌전한 　　　〔어럼〕

$$آ + ر + ا + م = آرام$$

آرام

آرام

آرام

▶ 하늘　　　　　　　[어쎄먼]

آ + س + م + ا + ن = آسمان

آسمان

آسمان

آسمان

▶ 부엌　　　　　　　[어쉬파즈커네]

آ + ش + پ + ز + خ + ا + ن + ه = آشپزخانه

آشپزخانه

آشپزخانه

آشپزخانه

▶ 신사(복수형)　　　　[어거연]

آ + ق + ا + ی + ا + ن = آقایان

آقایان

آقایان

آقایان

▶ 선생님 [어무즈거르]

آ+م+و+ز+گ+ا+ر = آموزگار

آموزگار

آموزگار

آموزگار

▶ 가지고 오다 [어바르단]

آ+و+ر+د+ن = آوردن

آوردن

آوردن

آوردن

▶ 천천히 [어헤스테]

آ+ه+س+ت+ه = آهسته

آهسته = آ+ه+س+ت+ه

آهسته

آهسته

▶ 거울 [어예네]

آینه = آ+ی+ن+ه

آینه

آینه

آینه

▶ 바보스러운 [아브라흐]

ابله = ا+ب+ل+ه

ابله

ابله

ابله

▶ 버스　　　　　　　[오터부스]

ا+ت+و+ب+و+س= اتوبوس

اتوبوس

اتوبوس

اتوبوس

▶ 사무실, 연구실, 행정　　　[에더레]

ا+د+ا+ر+ه= اداره

ا+د+ا+ر+ه= اداره

اداره

▶ 예절　　　　　　　[아답]

ا+د+ب= ادب

ادب

ادب

ادب

▶ 존경하는 [아르즈만드]

ا + ر + ج + م + ن + د = ارجمند

ارجمند

ارجمند

ارجمند

▶ 이사 [아스밥캐쉬]

ا + س + ب + ا + ب ک + ش + ی = اسباب کشی

اسباب کشی

اسباب کشی

اسباب کشی

▶ 개인 [아쉬커스]

ا + ش + خ + ا + ص = اشخاص

اشخاص

اشخاص

اشخاص

▶ 원천의, 기수의 [아쏠리]

ا + ص + ل + ى = اصلى

اصلى

اصلى

اصلى

▶ 수(복수형) [아으더드]

ا + ع + د + ا + د = اعداد

اعداد

اعداد

اعداد

▶ 대부분 [아그랍]

ا + غ + ل + ب = اغلب

اغلب

اغلب

اغلب

▶ 빠지다, 떨어지다   [오프터단]

ا + ع + د + ا + د = اعداد

اعداد

اعداد

اعداد

▶ 적어도, 최소한   [아글란]

ا + غ + ل + ب = اغلب

اغلب

اغلب

اغلب

▶ 비록...일지라도   [아갸르 체]

ا + ف + ت + ا + د + ن = افتادن

اگر چه

اگرچه

اگرچه

▶ 그러나 [암머]

أما = ا + م + ا

اما

اما

اما

▶ 선택, 선거 [엔테캅]

انتخاب = ب + ا + خ + ت + ن + ا

انتخاب

انتخاب

انتخاب

▶ 다양함, 종류 [안버으]

انواع = ع + ا + و + ن + ا

انواع

انواع

انواع

▶ 이란　　　　　[이런]

ا + ي + ر + ا + ن = ايران

ايران

ايران

ايران

▶ 용건, 이유　　　[버바트]

ب + ا + ب + ت = بابت

بابت

بابت

بابت

▶ 짐꾼　　　　　[버르바르]

ب + ا + ر + ب + ر = باربر

باربر

باربر

باربر

▶ 시장　　　　　　[버저르]

ب + ا + ز + ا + ر = بازار

بازار

بازار

بازار

▶ (스포츠)클럽　　　[버쉬거흐]

ب + ا + ش + گ + ا + ه = باشگاه

باشگاه

باشگاه

باشگاه

▶ 작은 정원　　　　[버그체]

ب + ا + غ + چ + ه = باغچه

باغچه

باغچه

باغچه

▶ 마침내　　　　　　[벨라카레]

ب + ا + ل + ا + خ + ر + ه = بالاخره

بالاخره

بالاخره

بالاخره

▶ 현명한, 지혜로운　　[버후쉬]

ب + ا + ه + و + ش = باهوش

باهوش

باهوش

باهوش

▶ 학과, 부분　　　　[바크쉬]

ب + خ + ش = بخش = بخش

بخش = بخش

بخش

بخش

▶ 집다. 데리고 가다　　[바르 더쉬탄]

$$ب + ر + د + ا + ش + ت + ن = برداشتن$$

برداشتن

برداشتن

برداشتن

▶ 쌀　　[베렌즈]

$$ب + ر + ن + ج = برنج$$

برنج

برنج

برنج

▶ 고속도로, 큰 길　　[보조르그 러흐]

$$ب + ز + ر + گ + ر + ا + ه = بزرگراه$$

بزرگراه

بزرگراه

بزرگراه

▶ 그릇, 접시　　　　[보쉬겹]

ب + ش + ق + ا + ب = بشقاب

بشقاب

بشقاب

بشقاب

▶ …후에, 나중에　　[바아드]

ب + ع + د = بعد

بعد

بعد

بعد

▶ 즉시, 즉각　　　　[벨러휘쎌레]

ب + ل + ا + ف + ا + ص + ل + ه = بلافاصله

بلافاصله

بلافاصله

بلافاصله

▶ 수풀, 덤풀   [부테]

بوته = ب+و+ت+ه

بوته

بوته

بوته

▶ 봄   [바허르]

بهار = ب+ه+ا+ر

بهار

بهار

بهار

▶ 개선, 회복   [베흐부드]

بهبود = ب+ه+ب+و+د

بهبود

بهبود

بهبود

▶ (잠에서)깨다 [비더르 쇼단]

ب + ی + د + ا + ر + ش + د + ن = بیدار شدن

بیدار شدن

بیدار شدن

بیدار شدن

▶ 가치가 없는, 소용없는 [비휘예데]

ب + ی + ف + ا + ی + د + ه = بیفایده

بیفایده

بیفایده

بیفایده

▶ 코 [비니]

ب + ی + ن + ی = بینی

بینی

بینی

بینی

▶ 천, 옷감   [퍼르체]

$$پ + ا + ر + چ + ه = پارچه$$

پارچه

پارچه

پارچه

▶ 요리하다, 익히다   [포크탄]

$$پ + خ + ت + ن = پختن$$

پختن

پختن

پختن

▶ 흩어진, 분산된   [파러캬ㄴ데]

$$پ + ر + ا + ک + ن + د + ه = پراکنده$$

پراکنده

پراکنده

پراکنده

▶ 새 [파란데]

ب + ر + ن + (ﻩ + ٥) = پرنده

پرنده

پرنده

پرنده

▶ 우체국 [포스트커네]

ب + س + ت + خ + ا + ن + ٥ = پستخانه

پستخانه

پستخانه

پستخانه

▶ 창문 [판자(제)레]

پ + ن + ج + ر + ٥ = پنجره = پنجره

پنجره

پنجره

پنجره

▶ 치즈 [파니르]

پ + ن + ی + ر = پنیر

پنیر

پنیر

پنیر

▶ 웃옷, 셔츠 [피러한]

پ + ی + ر + ا + ہ + ن = پیراهن

پیراهن

پیراهن

پیراهن

▶ 여름 [터베스턴]

ت + ا + ب + س + ت + ا + ن = تابستان

تابستان

تابستان

تابستان

▶ 역사, 날짜　　　　　[터리크]

ت + ا + ر + ى + خ = تاریخ

تاریخ

تاریخ

تاریخ

▶ 두려워하다　　　　[타르씨단]

ت + ر + س + ى + د + ن = ترسیدن

ترسیدن

ترسیدن

ترسیدن

▶ 감사하다　　　　　[타쉬코르 캬르단]

ت + ش + ک + ر + ک + ر + د + ن = تشکر کردن

تشکر کردن

تشکر کردن

تشکر کردن

▶ 장면, 그림, 사진, 삽화　　[타쓰비르]

ت + ص + و + ى + ر = تصویر

تصویر

تصویر

تصویر

▶ 모두, 전부　　[타맘]

ت + م + ا + م = تمام = تمام

تمام

تمام

تمام

▶ 게으른　　[탐발]

ت + ن + ب + ل = تنبل

تنبل

تنبل

تنبل

▶ 돈이 많은, 부자　　　[쎄르바트만드]

ش + ر + و + ت + م + ن + د = ثروتمند

ثروتمند

ثروتمند

ثروتمند

▶ 길, 거리　　　[저데]

ج + ا + د + ه = جاده

جاده

جاده

جاده

▶ 재미있는　　　[절렙]

ج + ا + ل + ب = جالب

جالب

جالب

جالب

▶ 짝, 켤레 　　　　[조프트]

ج + ف + ت = جفت

جفت

جفت

جفت

▶ 금요일 　　　　[좀에]

ج + م + ع + ه = جمعه

جمعه

جمعه

جمعه

▶ 젊은, 젊은이 　　　　[자번]

ج + و + ا + ن = جوان

جوان

جوان

جوان

▶ 칼, 나이프 [처구]

ج + ا + ق + و = چاقو

چاقو

چاقو

چاقو

▶ (이란음식)첼로캬법 [첼로캬법]

ج + ل + و + ک + ب + ا + ب = چلوکباب

چلوکباب

چلوکباب

چلوکباب

▶ 포크 [창갈]

ج + ن + گ + ل = چنگل

چنگل

چنگل

چنگل

▶ 나무, 재목, 막대기 [춥]

$$چ + و + ب = چوب$$

چوب

چوب

▶ 열기 [하러라트]

$$ح + ر + ا + ر + ت = حرارت$$

حرارت

حرارت

حرارت

▶ 출석한, 참석한 [호주르]

$$ح + ض + و + ر = حضور$$

حضور

حضور

حضور

▶ 외국의, 밖의 [커레지]

خ + ا + ر + ج + ى = خارجى

خارجى

خارجى

خارجى

▶ 신 [코더]

خ + د + ا = خدا

خدا

خدا

خدا

▶ 피로한 [카스테]

خ + س + ت + ه = خسته

خسته

خسته

خسته

▶ 웃다　　　　　[칸디단]

خ + ن + د + ی + د + ن = خندیدن

خندیدن

خندیدن

خندیدن

▶ 언니, 누나, 여동생　　[커하르]

خ + و + ا + ه + ر = خواهر

خواهر

خواهر

خواهر

▶ 기쁜, 즐거운　　[코쉬헐]

خ + و + ش + ح + ا + ل = خوشحال

خوشحال

خوشحال

خوشحال

▶ 안의, 국내의 　　　[더켈]

د + ا + خ + ل = داخل

داخل

داخل

داخل

▶ 가지고 있다 　　　[더쉬탄]

د + ا + ش + ت + ن = داشتن

داشتن

داشتن

داشتن

▶ 대학생 　　　[더네쉬주]

د + ا + ن + ش + ج + و = دانشجو

دانشجو

دانشجو

دانشجو

▶ 딸, 소녀, 처녀　　　[도크타르]

د + خ + ت + ر = دختر

دختر

دختر

دختر

▶ 나무　　　[데라크트]

د + ر + خ + ت = درخت

درخت

درخت

درخت

▶ 정확한, 맞는　　　[도로스트]

د + ر + س + ت = درست

درست

درست

درست

▶ 호수　　　　　[다르여체]

د + ر + ی + ا + چ + ه = دریاچه

دریاچه

دریاچه

دریاچه

▶ 공책, 사무실　　　[다프타르]

د + ف + ت + ر = دفتر

دفتر

دفتر

دفتر

▶ 약　　　　　　[다버]

د + و + ا = دوا

دوا

دوا

دوا

▶ 친구　　　　　[두스트]

د + و + س + ت = دوست

دوست

دوست

دوست

▶ 입　　　　　[다헌]

د + ه + ا + ن = دهان

دهان

دهان

دهان

▶ 어제　　　　　[디루즈]

د + ی + ر + و + ز = دیروز

دیروز

دیروز

دیروز

▶ ...에 관해서, ...에 대해서 [러제베]

راجع به = ه+ع+ج+ا+ر

راجع به

راجع به

راجع به

▶ 안내인, 안내판 [러흐나마]

راهنما = ا+م+ن+ه+ا+ر

راهنما

راهنما

راهنما

▶ 친구 [라피그]

رفيق = ق+ي+ف+ر

رفيق

رفيق

رفيق

▶ 강   [루드커네]

ر + و + د + خ + ا + ن + ه‌ = رودخانه

رودخانه

رودخانه

رودخانه

▶ 신문   [루즈너메]

ر + و + ز + ن + ا + م + ه‌ = روزنامه

روزنامه

روزنامه

روزنامه

▶ 생활, 생존, 삶   [젠데기]

ز + ن + د + گ + ی = زندگی

زندگی

زندگی

زندگی

▶ 건물, 건축물 　　[써크탄]

س + ا + خ + ت + م + ا + ن = ساختمان

ساختمان

ساختمان

ساختمان

▶ 야채 　　[싸브지]

س + ب + ز + ی = سبزی

سبزی

سبزی

سبزی

▶ (이란의 시인)싸아디 [싸아디]

س + ع + د + ی = سعدی

سعدی

سعدی

سعدی

▶ 식탁보, 식단　　　　[쏘푸레]

س + ف + ر + ه = سفره

سفره

سفره

سفره

▶ 화요일　　　　[쎄샴베]

س + ه + ش + ن + ب + ه = سه شنبه

سه شنبه

سه شنبه

سه شنبه

▶ 저녁식사　　　　[샴]

ش + ا + م = شام

شام

شام

شام

▶ 밤　　　　　　　[샵]

ش + ب = شب

شب

شب

شب

▶ 시작하다　　　　[쇼루으 캬르단]

ش + ر + و + ع + ک + ر + د + ن = شروع کردن

شروع کردن

شروع کردن

شروع کردن

▶ 치료, 회복　　　　[쉬훠]

ش + ف + ا = شفا

شفا

شفا

شفا

▶ 수영하다, 헤엄치다　[쉐너 캬르단]

ش + ن + ا + ک + ر + د + ن = شناکردن

شناکردن

شناکردن

شناکردن

▶ 아침식사　　　　[쏩흐허네]

ص + ب + ح + ا + ن + ه = صبحانه

صبحانه

صبحانه

صبحانه

▶ 소리, 음　　　　[쎄더]

ص + د + ا = صدا

صدا

صدا

صدا

▶ 의자   [싼다리]

$$ص + ن + د + ا + ی = صندلی$$

صندلی

صندلی

صندلی

▶ 층   [타바게]

$$ط + ب + ق + ه = طبقه$$

طبقه

طبقه

طبقه

▶ 의사   [타빕]

$$ط + ب + ی + ب = طبیب$$

طبیب

طبیب

طبیب

▶ 이상한　　　　　[아집]

ع + ج + ي + ب = عجيب

عجيب

عجيب

عجيب

▶ 오후, 해가 진　　　[아스르]

ع + ص + ر = عصر

عصر

عصر

عصر

▶ 안경　　　　　[에이나크]

ع + ي + ن + ك = عينك

عينك

عينك

عينك

▶ 해가 진 　　　　[고룹]

غ + ر + و + ب = غروب

غروب

غروب

غروب

▶ 슬픈 　　　　[감너크]

غ + م + ن + ا + ک = غمناک

غمناک

غمناک

غمناک

▶ 프랑스인의, 불어의 　[화런싸비]

ف + ر + ا + ن + س + و + ی = فرانسوی

فرانسوی

فرانسوی

فرانسوی

▶ 잔　　　　　[휀전]

$$ف + ن + ج + ا + ن = فنجان$$

فنجان

فنجان

فنجان

▶ 이해하다　　　　　[화흐미단]

$$ف + ه + م + ى + د + ن = فهميدن$$

فهميدن

فهميدن

فهميدن

▶ 숟가락　　　　　[거쇼그]

$$ق + ا + ش + ق = قاشق$$

قاشق

قاشق

قاشق

▶ 빨간색의　　　　[게르메즈]

ق + ر + م + ز = قرمز

قرمز

قرمز

قرمز

▶ 칼, 나이프　　　[커르드]

ک + ا + ر + د = کارد

کارد

کارد

کارد

▶ 성냥　　　　　[케브리트]

ک + ب + ر + ی + ت = کبریت

کبریت

کبریت

کبریت

▶ 도서관　　　　[케텁커네]

ک + ت + ا + ب + خ + ا + ن + ه = کتابخانه

کتابخانه

کتابخانه

کتابخانه

▶ 죽이다　　　　[코쉬탄]

ک + ش + ت + ن = کشتن

کشتن

کشتن

کشتن

▶ 도움　　　　[코마크]

ک + م + ک = کمک

کمک

کمک

کمک

▶ 짧은 [쿠터흐]

ک + ت + ا + ه = کوتاه

کوتاه

کوتاه

کوتاه

▶ 산 [쿠흐]

ک + و + ه = کوه

کوه

کوه

کوه

▶ 석고, 분필 [갸즈]

گ + چ = گَچ = گچ

گچ

گچ

گچ

▶ 비싼   [개런]

$$ک + ر + ا + ن = گران$$

گران

گران

گران

▶ 따뜻한, 더운   [갸르므]

$$ک + ر + م = گرم$$

گرم

گرم

گرم

▶ 꽃   [골]

$$ک + ل = گل$$

گل

گل

گل

▶ 귀　　　　　　[구쉬]

گ + و + ش = گوش

گوش

گوش

گوش

▶ 식물　　　　　[기어흐]

گ + ی + ا + ه = گیاه

گیاه

گیاه

گیاه

▶ 마른　　　　　[러가르]

ل + ا + غ + ر = لاغر

لاغر = لاغر

لاغر

لاغر

▶ 옷, 의류　　　　[레버쓰]

ل + ب + ا + س = لباس

لباس

لباس

لباس

▶ 남다, 머물다　　[먼단]

م + ا + ن + د + ن = ماندن

ماندن

ماندن

ماندن

▶ 예　　　　　　[메썰]

م + ث + ا + ل = مثال

مثال

مثال

مثال

▶ 학교　　　　　[마드레쎄]

م + د + ر + س + ﻪ = مدرسه

مدرسه

مدرسه

مدرسه

▶ 노인의　　　　[마르데피르]

م + ر + د + ﯨ + ﭗ + ﯨ + ر = مردپیر

مردپیر

مردپیر

مردپیر

▶ 어려운　　　　[모쉬켈]

م + ش + ک + ل = مشکل

مشکل

مشکل

مشکل

▶ 유용한 [모피드]

م + ف + ی + د = مفید

مفید

مفید

مفید

▶ 비교, 대조 [모거예쎄]

م + ق + ا + ی + س + ه = مقایسه

مقایسه

مقایسه

مقایسه

▶ 국가, 나라 [멜라트]

م + ل + ت = ملت

ملت

ملت

ملت

▶ 개미　　　　　[무르체]

م + و + ر + چ + ٥ = مورچه

مورچه

مورچه

مورچه

▶ 중요한　　　　[모헴]

م + ٥ + م = مهم = مهم

مهم

مهم

مهم

▶ 광장　　　　　[메이던]

م + ى + د + ا + ن = ميدان

ميدان

ميدان

ميدان

▶ 약혼자, 후보자　　　[남자드]

ن + ا + م + ز + د = نامزد

نامزد

نامزد

نامزد

▶ 사다리　　　[나드르반]

ن + ر + د + ب + ا + ن = نردبان

نردبان

نردبان

نردبان

▶ 석유　　　[나프트]

ن + ف + ت = نفت

نفت

نفت

نفت

▶ 소금   [나마크]

ن + م + ک = نمک = نمک

نمک

نمک

نمک

▶ 쓰다, 적다   [네베쉬탄]

ن + و + ش + ت + ن = نوشتن

نوشتن

نوشتن

نوشتن

▶ 반, 1/2   [님]

ن + ی + م = نیم = نیم

نیم

نیم

نیم

▶ 운동, 체육　　　　[바르제쉬]

و + ر + ز + ش = ورزش

ورزش

ورزش

ورزش

▶ 때, 시간, 기회　　　　[바그트]

و + ق + ت = وقت

وقت

وقت

وقت

▶ 매일　　　　[하르루즈]

ه + ر + ر + و + ز = هر روز

هر روز

هر روز

هر روز

▶ 주일 [하프테]

ه + ف + ت + ه = هفته

هفته

هفته

هفته

▶ 배우자, 동등한 사람 [함싸르]

ه + م + س + ر = همسر

همسر

همسر

همسر

▶ 동급생, 학급친구 [함캘러쓰]

ه + م + ک + ل + ا + س = همکلاس

همکلاس

همکلاس

همکلاس

▶ 아직 [하누즈]

ه + م + ک + ل + ا + س = همکلاس

همکلاس

همکلاس

همکلاس

▶ 기억, 추억 [여드]

ه + ن + و + ز = هنوز

یاد

یاد

یاد

▶ 시골, 피서지 [예이러거트]

ی + ی + ل + ا + ق + ا + ت = ییلاقات

ییلاقات

ییلاقات

ییلاقات

문장

1 아흐마드는 소년(아들)입니다. [아흐마드 페사르 아스트]¹⁶⁾

احمد پسر است.

2 이것은 집입니다. [인 커네 아스트]

این خانه است.

3 알리는 책 한권을 가지고 있습니까? [어여 알리 예크 케텁 더라드?]

آیا علی یک کتاب دارد؟

4 그(그녀)는 어디있습니까? [우 코저스트?]

او کجاست؟

5 누가 책을 읽고 있습니까? [키 케텁 미커나드?]

کی کتاب می خواند؟

6 그(그녀)는 연필을 가지고 있지 않습니까? [우 메더드 나더라드?]

او مداد ندارد؟

---

16) '문장의 발음은 문어로 표기하였음.

7 그(그녀)는 대학교에 늦게 왔습니다. [우 베 더네쉬거흐 디르 어마드]

او به دانشگاه دیر آمد.

8 나의 여동생인 마리얌은 10살입니다.
　 [커하레만 마르얌 다흐썰 더라드]

خواهر من مریم ده سال دارد.

9 나는 서울에 살고 있습니다. [만 다르 쒀흐레 쎄울 젠데기 미코남]

من در شهر سئول زندگی می کنم

10 내 친구의 이름은 너데르입니다. [에스메 두스테 만 너데르 아스트]

اسم دوست من نادر است.

11 우리집에는 방이 3개 있습니다. [커네예 머 쎄 오터그 더라드]

خانه ما سه اطاق (=اتاق) دارد.

12 그(그녀)는 자주 자신의 학급친구와 학교에 갑니다.
　　[우 아글랍 버 함켈러씨예 코드 베 다베스턴 미라바드]

او اغلب با همکلاسی خود نه دبستان می رود

13 너데르의 가족은 오늘 이사합니다.
　　[커네버데예 너데르 엠루즈 아스법케쉬 미코난드]

خانواده نا در امروز اسباب کشی می کنند.

14 나는 내 자신을 거울에 비쳐보았습니다.
　　[만 코담러 다르 어예네 디담]

من خود را در آینه دیدم.

15 게으른 대학생은 시험에 떨어졌습니다.
[더네쉬주예 탐발[17] 아즈 엠테헌 라드 쇼드]

دانشجوی تنبل از امتحان رد شد.

---
17) 주 14) 참조.

숫자

- 5 [판즈] ٥=٥

- 8 [하쉬트] ٨

- 9 [노흐] ٩

- 12 [다버즈다흐] ١٢

- 16 [션즈다흐] ١٦=١٦

- 32 [씨오-도] ۳۲

- 40 [체헬] ٤٠=٤٠

- 50 [판저흐] ٥٠=٥٠

- 71 [하프터도-예ㅋ] ۷۱

- 87 [하쉬터도-하프트] ۸۷

- 301 [씨싸도-예ㅋ] ۳۰۱

- 310   [씨싸도-다흐]

$$۳۱۰$$

- 315   [씨싸도-펀즈다흐]

$$۳۱۵ = ۳۱۵$$

- 365   [씨싸도-쇠스토-판즈]

$$۳٦۵ = ۳٦۵$$

- 550   [펀싸도-판저흐]

$$۵۵۰$$

- 924   [노흐싸도-비스토-처허르]

$$۹۲٤ = ۹۲٤$$

- 1001   [헤저로-예크]

$$۱۰۰۱$$

■ 1501 [헤저로-펀싸도-예크]   ۱۰۰۱

■ 6005 [세쉬헤저로-판즈]   ۷۰۰

■ 6023 [세쉬헤저로-비스토-쎄]   ۷۰۲۳

■ 6780 [세쉬헤저로-하프트싸도-하쉬터드]   ۷۷۸۰

■ 9009 [노호헤저로-노호]   ۹۰۰۹

■ 9559 [노호헤저로-펀싸도-판저호-노호]   ۹۰۰۹

- 70056 [하프터도-헤저로-판저호-쉐쉬] ۷۰۰۵۷

- 0.009 [쎄프르-모마예즈-노헤-사돔] ۰/۰۰۹

- 0.09 [쎄프르-모마예즈-노헤-다홈] ۰/۰۹

- 0.9 [쎄프르-모마예즈-노헤] ۰/۹

- 2.35 [도-모마예즈-씨오판즈] ۲/۳۵ = ۲/۳۵

- 2.035 [도-모마예즈-쎄프르-씨오판즈] ۲/۰۳۵ = ۲/۰۳۵

■ 2/3 [도 쎄봄]

$\frac{2}{3}$

■ 4/5 [처허르 판좀]

$\frac{4}{5} = \frac{4}{5}$

■ 9/10 [노호 다홈]

$\frac{9}{10}$